AF404351

BANQUE GÉNÉRALE

ET FRATERNELLE

DES

TRAVAILLEURS DES VILLES ET DES CAMPAGNES.

Union, Solidarité, Association.

LYON,

Typographie et Lithographie de REY-SÉZANNE, rue Saint-Côme, 8.

1848.

BANQUE GÉNÉRALE

Et Fraternelle

DES

Travailleurs des Villes et des Campagnes.

Sur la proposition du citoyen **G. Renaud**, archiviste du Comité du Travail,

Considérant que le travail est la base de la prospérité des Sociétés et la seule garantie de l'ordre; qu'il a besoin d'être assuré et fécondé par tous les citoyens;

Considérant que, jusqu'à ce jour, les associations d'ouvriers ont été constamment entravées par le manque de capital, et qu'il est nécessaire d'y mettre un terme;

Considérant que les travailleurs doivent être honorés et protégés par des institutions qui les mettent à l'abri de la misère, qui leur permettent de goûter sans crainte de l'avenir les joies de la famille et de profiter seuls des produits de leurs travaux;

Considérant que des économies isolées n'atteignent pas ce but et sont exposées à rester stériles entre les mains de ceux qui les font, ou à être *dévorées* par les spéculateurs à qui on les confie, tandis qu'en les réunissant pour fonder une Banque fonctionnant dans l'intérêt et sous la surveillance des souscripteurs associés, on établit entre *tous*, par la *mutualité* et la *solidarité* des rapports, un lien puissant de moralité, de fraternité et de sécurité pour l'avenir;

Considérant que la fortune générale s'accroît en raison du nombre des souscripteurs, que les chances résultant des mortalités et des opérations financières doivent toujours profiter aux travailleurs survivants, en augmentant, soit le fonds social, soit le taux des retraites;

Considérant qu'il est important de faire participer aux avantages de cette institution, par une union plus intime avec les habitants des villes, les habitants des campagnes, et de les arracher à l'usure qui les ronge;

Considérant qu'il appartient aux Citoyens qui ont le plus souffert de l'isolement et de l'exploitation usuraire, de prendre l'initiative d'une institution aussi fraternelle;

Les travailleurs soussignés et les membres du Comité du Travail de Lyon, mus par des sentiments fraternels de solidarité et de prévoyance, font appel aux habitants des villes et des campagnes pour fonder et réaliser avec eux la Banque dont les statuts suivent.

BANQUE GÉNÉRALE

ET FRATERNELLE

DES

Travailleurs des Villes et des Campagnes.

AU MOYEN D'UNE

Cotisation individuelle de cinq centimes par jour,

Qui Procurera :

Aux Jeunes Gens. . . . . . Une DOT à l'âge de **21** ans.
Aux Infirmes et aux Malades, L'ASSISTANCE FRATERNELLE.
Aux Vieillards . . . . Une RETRAITE à l'âge de **55** ans.
Aux Souscripteurs Associés, Des COMPTES-COURANTS, à intérêt de 4 % l'an.

TITRE 1er.

Formation de la Banque, son But, son Titre.

Art. 1er. Il est fondé, à Lyon, une Banque ayant pour but d'ouvrir un crédit aux *Travailleurs* associés, et de constituer des RETRAITES ou des DOTS à tout souscripteur, ainsi qu'il sera dit ci-après.

Art. 2. La Banque prend le nom de BANQUE GÉNÉRALE ET FRATERNELLE DES TRAVAILLEURS DES VILLES ET DES CAMPAGNES. Son siége est établi à Lyon, sa durée est perpétuelle.

Art. 3. Elle ne sera constituée que lorsqu'il y aura VINGT MILLE souscripteurs ayant effectué le versement du premier mois.

TITRE II.

Du capital de la Banque et de son emploi.

—

DU CAPITAL.

Art. 4. Le Capital se compose 1° des sommes qui seront versées par tous les *Souscripteurs* ou *Donateurs*, autres que les souscripteurs à la Dot et les simples dépositaires ; 2° des bénéfices résultant de ses opérations financières ; il est la garantie de tous les droits afférents aux souscripteurs, sans aucune distinction.

Art. 5. Les capitaux seront convertis en rentes sur l'État, en prêts hypothécaires aux agriculteurs, ou en acquisitions de propriétés sur la proposition de la Commission de surveillance, approuvée par le Comité Représentatif.

De l'émission des Billets de Banque.

—

Art. 6. La Banque émettra des Billets payables à *vue* et au porteur. Le montant des billets en circulation ne devra pas excéder le *triple* des souscriptions effectuées mensuellement.

Art. 7. Les Billets seront de CINQ francs à MILLE francs, dans l'ordre suivant : CINQ, DIX, VINGT, CINQUANTE, CENT et MILLE francs.

Art. 8. Ils seront uniformes, détachés d'un registre à souche, ils auront un numéro d'ordre, ils seront frappés d'un timbre sec et seront signés par le *Directeur*, les deux *sous-Directeurs* et le *Caissier*, en présence de trois membres désignés par la Commission de surveillance et pris dans son sein.

Art. 9. La date, la série de numéros, la quantité de billets émis et leur destination seront inscrits sur un registre intitulé : *Livre des procès-verbaux pour l'émission des Billets de Banque;* chacun de ces procès-verbaux sera signé par le directeur, les deux sous-directeurs et le caissier, ainsi que par les trois membres présents du Comité de surveillance.

ART. 10. L'émission des Billets n'aura lieu qu'au fur et à mesure des placements dans les comptoirs particuliers de chaque Société de travailleurs ; le montant en sera porté sur leur *Compte-courant d'intérêts.*.

De la rentrée des effets de Commerce.

ART. 11. La Banque se chargera de la rentrée de tous les effets de commerce qui lui seront remis par les Sociétés ayant des Comptes-courants ouverts. Après le remboursement opéré, déduction faite de tous les frais d'encaissement, le montant *net* sera porté à l'*avoir* de leur Compte-courant respectif, mais ces versements (ainsi que tous autres), ne serviront à l'inventaire qu'à faire la balance du capital, la Banque ne devant jamais payer d'intérêts à quelque titre que ce soit.

De la Caisse de Réserve.

ART. 12. Il sera prélevé, aux inventaires de chaque année, *dix* pour *cent* sur les bénéfices réalisés pour former une Caisse de Réserve destinée :

1° A un don offert à la République (1) ;

2° A des primes d'encouragement pour les découvertes utiles à l'industrie, à l'agriculture, aux travailleurs associés et aux communes qui prendront l'initiative du reboisement des montagnes.

ART. 13. Aussitôt que le capital du fonds de réserve le permettra, les Sociétaires pauvres, infirmes ou malades recevront des secours à domicile, et proportionnés aux besoins de chacun.

ART. 14. Ils recevront gratuitement les visites du médecin,

---

(1) Sur les actes d'association, il serait nécessaire de donner au Gouvernement un certain bénéfice, parce que plus tard ce mode prévaudrait pour asseoir l'assiette de l'impôt qui serait alors moral, car on ne paierait que sur les bénéfices réalisés, et non arbitrairement, comme cela se pratique encore aujourd'hui.

les remèdes et les soins fraternels des associés ; en un mot, on pratiquera à leur égard ce sublime précepte : *Faites à autrui ce que vous voudriez qu'il fût fait à vous-mêmes.*

ART. 15. Le président de chaque Société sera chargé d'en faire la demande à la Commission de surveillance, en désignant le nom du Sociétaire, sa demeure et le motif du secours.

TITRE III.

Des Souscripteurs et de leurs droits.

ART. 16. Le nombre des souscripteurs est illimité.

ART. 17. Il sera formé trois catégories de souscripteurs :

1° LES SOUSCRIPTEURS SOLIDAIRES ASSOCIÉS ;
2° LES SOUSCRIPTEURS INDIVIDUELS ;
3° LES SOUSCRIPTEURS POUR DES TIERS.

1° Des Souscripteurs solidaires associés.

ART. 18. Il sera fait et annexé aux présents Statuts un acte de Solidarité, signé par les *Souscripteurs solidaires associés,* garantissant la réciprocité des achats et le versement des cinq centimes par jour.

ART. 19. Les associés solidaires seront tenus de faire entr'eux la perception des cinq centimes journaliers ; ils devront en opérer le versement à la caisse de la Banque tous les mois, contre un récépissé qui indiquera la somme, le numéro de l'article et le folio du livre de caisse.

ART. 20. Les souscripteurs associés, dont les statuts auront reçu la sanction du *Comité Représentatif,* auront droit, en donnant des garanties *jugées suffisantes,* d'avoir un compté-courant à 4 % ouvert à la caisse de la Banque ; les sommes empruntées devront être proportionnelles aux travaux pour lesquels on les demande ; elles seront fixées par la Commission de surveillance.

ART. 21. Le taux de l'intérêt stipulé à l'article précédent

pourra être abaissé sur la demande dé la Commission de surveillance et l'approbation du Comité représentatif, donnée selon les formes prescrites par l'article 103.

ART. 22. Le président de chaque Société signera, pour elle, sur un registre intitulé : LIVRE DES ENGAGEMENTS FRATERNELS. On inscrira d'abord les numéros d'ordre, noms, prénoms, âges, domiciles et professions de tous les souscripteurs représentés.

ART. 23. Il dressera tous les mois un état nominatif des souscripteurs nouveaux; les états seront numérotés et conservés aux archives de la comptabilité, ils serviront à faire l'ouverture des comptes d'assurance mutuelle sur la vie de chacun des souscripteurs.

2° Des Souscripteurs individuels.

ART. 24. Tout souscripteur individuel qui fera le versement de *cinq centimes* par jour, après avoir signé l'acte d'adhésion annexé aux présents statuts, aura droit seulement à la même retraite que les souscripteurs solidaires associés.

3° Des Souscripteurs pour des Tiers.

ART. 25. Toute personne qui souscrira pour un *Tiers*, désignera les *noms, prénoms, domiciles, professions, âges,* et la nature de la souscription.

ART. 26. Le souscripteur, agissant au nom d'un *Tiers* pour lequel il se sera engagé, effectuera le versement des *cinq centimes* journaliers aux époques qui seront déterminées en signant l'acte d'adhésion, et en déclarant s'il entend constituer une Dot ou une Retraite.

ART. 27. En cas de mort du souscripteur, les sommes qu'il aura versées pour un Tiers resteront acquises à ce dernier et seront placées à l a Caisse Progressive, jusqu'à ce qu'il ait atteint l'âge de recevoir sa Dot ou sa Retraite. Mais si le souscripteur cessait volontairement sa cotisation, les fonds versés par lui seraient acquis à la Banque, à moins que le donataire pour qui l'on aura souscrit, ne continue d'effectuer lui-même, pour son compte, le versement des cinq centimes par jour.

De la Retraite.

—

ART. 28. Les souscripteurs *invalides* ou âgés de *cinquante-cinq ans* auront droit à la Retraite lorsqu'ils auront versé pendant *dix années* au moins les cinq centimes par jour à la caisse de la Banque et rempli fraternellement toutes les conditions morales de l'acte de solidarité ou d'adhésion.

ART. 29. Toutes les années, aux époques des inventaires, on formera les séries et l'on établira le chiffre de toutes les rentes; le montant exact en sera porté sur le livret de chacun des souscripteurs jusqu'à ce qu'il ait acquis le droit à la Retraite.

ART. 30. La Retraite sera proportionnelle à la durée du temps du versement et à l'importance des bénéfices réalisés par la Banque; elle sera votée par le Comité Représentatif en assemblée générale, aux époques des inventaires et sur la proposition de la Commission de surveillance.

ART. 31. Les droits acquis à la Retraite ne sont pas transmissibles.

ART. 32. Ceux qui jouiront de la Retraite continueront de verser les cinq centimes par jour. Ce versement leur donnera droit à une nouvelle Retraite progressive qui sera réglée comme il est dit ci-dessus (Art. 29).

ART. 33. Tout souscripteur qui cesserait de verser les cinq centimes par jour, sans force majeure *prouvée*, perdrait tous les *Droits* qu'il aurait acquis jusqu'alors, et cela sans qu'il soit nécessaire de mise en demeure; cette clause est de rigueur.

TITRE IV.

Des Dépositaires souscripteurs et de leurs droits.

—

Art. 34. Il sera formé trois catégories de dépositaires :

1º Les dépositaires à la Dot ;

2º Les simples dépositaires ;

3º Les dépositaires à la Caisse Progressive.

1º Des Dépositaires à la Dot.

—

Art. 35 . Le souscripteur signera sur un registre intitulé : Livre des engagements dotaux. On inscrira d'abord le numéro d'ordre, les nom, prénoms, âge et le sexe de l'enfant. Ensuite, les nom, prénoms, profession et demeure du souscripteur, et la série.

Art. 36. Chaque série se composera de tous ceux qui auront souscrit pendant la durée de l'année, et à chaque inventaire il en sera fait un état nominatif qui sera porté sur un registre intitulé : Livre des séries dotales.

Art. 37. L'enfant pour lequel le Père ou un Tiers aurait souscrit au versement des cinq centimes par jour aura droit à une Dot à l'âge de *vingt-un ans*. Cette Dot sera la propriété exclusive de l'enfant, elle ne pourra être réclamée que par l'*assuré*, avec l'assistance du souscripteur, l'un et l'autre devront justifier de leur *identité*.

Art. 38. Le montant de la Dot sera proportionnel à la somme des versements dotaux et à la mortalité dans la *série*, réglé par la Commission de Surveillance, comme il est dit à l'article Retraites.

Art. 39. A dater du jour même où l'on aura touché la *Dot* on ne fera plus partie de l'assurance mutuelle *dotale*, mais en continuant le versement des *cinq centimes* par jour, on passera dans une nouvelle catégorie, dont les membres sont appelés à recevoir une retraite.

2° Des simples Dépositaires.

ART. 40. La Banque reçoit tous les dépôts d'argent, de quelque importance qu'ils soient, elle ne percevra aucun droit d'encaissement, comme elle ne donnera aucun intérêt aux dépositaires.

41. L'argent déposé ne pourra rester moins d'un mois à la Banque et ne sera retiré que quinze jours après qu'on en aura fait la demande par écrit.

3° Des Dépositaires à la Caisse Progressive.

ART. 42. La *Caisse Progressive* a pour but d'augmenter le capital des dépositaires survivants; elle reçoit tous les dépôts d'argent, de quelque importance qu'ils soient.

ART. 43. Pour avoir le droit de placer des capitaux à la Caisse Progressive, il faut faire partie des souscripteurs à la Banque ou le devenir avant le dépôt, ou bien être donataire d'un souscripteur mort.

ART. 44. Les dépôts ne pourront être faits pour moins d'une année.

ART. 45. Chaque dépositaire pourra faire des versements partiels pendant la durée d'un mois; ils ne seront définitivement capitalisés qu'à la fin du mois et portés alors à son compte particulier.

ART. 46. La série se composera de tous les dépositaires d'un même mois.

ART. 47. Chaque dépositaire recevra une carte sur laquelle sera inscrit son numéro d'ordre (1), sa série et le montant de son dépôt; elle sera signée par le directeur général et l'employé du bureau de la Caisse Progressive.

(1). Le NUMÉRO D'ORDRE représente le nom du souscripteur qui ne doit figurer que sur le registre intitulé : LIVRE DES SÉRIES DE LA CAISSE PROGRESSIVE.

Art. 48. Le dépositaire n'a droit qu'à une répartition au marc le franc des sommes devenues, par suite de la mortalité, la propriété de la série.

Art. 49. A la fin de chaque mois on réglera la série du mois correspondant de l'année précédente (1).

Art. 50. Le dépositaire qui voudra retirer tout ou partie de son dépôt, lors du réglement annuel, en fera la demande un mois à l'avance, et par écrit, au bureau de la Caisse Progressive.

Art. 51. A l'époque des règlements annuels, on publiera un état explicatif sur lequel on inscrira le numéro d'ordre et les sommes accumulées de chacun des souscripteurs.

TITRE V.

Du Comité Représentatif et ses attributions.

Art. 52. Le Comité Représentatif est composé de *cent membres*.

Art. 53. Il sera fait un tableau de classement des souscripteurs de toutes les Spécialités Industrielles et Agricoles formant *cent catégories*. Chacune d'elles nommera un membre au scrutin secret et à la majorité absolue des voix.

Art. 54. Ils sont nommés pour une année ; les membres sortants sont rééligibles.

Art. 55. Le Comité Représentatif s'assemblera au siége de la Société le premier dimanche de chaque mois ou plus souvent s'il en est besoin.

Art. 56. Chaque séance leur donnera, à titre d'indemnité, droit à un cachet de présence ; la valeur en sera fixée en assem-

(1) Ainsi, la position de tous les dépositaires du mois de janvier 1848 sera réglée fin janvier 1849.

blée générale sur la proposition de la Commission de surveillance.

Art. 57. Les séances du Comité représentatif pourront être publiques.

Art. 58. Ses délibérations ne seront valables qu'autant que les deux tiers des membres seront présents. Elles devront être transcrites sur un registre intitulé : Livre des procès-verbaux du Comité Représentatif et signées par le président, le vice-président et le secrétaire du Comité.

Art. 59. Il fixera, sur la proposition de la Commission de surveillance, les appointements de tous les employés. (Art. 92.)

Art. 60. Il approuve ou rejette les Statuts des souscripteurs associés qui veulent avoir un crédit ouvert à la Banque. (Art. 21.)

Art. 61. Les Statuts de toute association, qui pourraient tendre à établir la concurrence et maintenir l'exploitation des travailleurs, devront être rejetés par le Comifé Représentatif.

Art. 62. Il nommera le Directeur et les deux Sous-Directeurs, ainsi que toutes les Commissions spéciales qu'il jugera convenables et qu'exigeront les intérêts des souscripteurs et la bonne gestion de la Banque, en assemblée générale et à la majorité absolue des voix.

Art. 63. Sur le rapport de Commissions spéciales, le Comité Représentatif pourra ouvrir des crédits pour le perfectionnement et l'exploitation des *découvertes* reconnues utiles à l'Agriculture ou à l'Industrie.

Art. 64. Les comptes annuels de la Banque, rendus en assemblée générale du Comité Représentatif, seront imprimés, publiés, affichés et distribués aux membres de ce Comité, qui seront chargés d'en faire part à leurs Sociétés respectives.

Art. 65. Les réclamations et propositions qui pourraient être faites par les souscripteurs devront être adressées au Comité Représentatif, qui les examinera et en délibérera dans sa plus prochaine séance.

TITRE VI.

Administration de la Banque.

—

ART. 66. La Banque sera gérée par un mandataire général et deux sous-mandataires, sous la surveillance d'une commission.

ART. 67. Les mandataires prendront le nom de Directeur général et de sous-directeurs.

ART. 68. Le directeur et les deux sous-directeurs seront nommés par le Comité Représentatif en assemblée générale et à la majorité absolue des voix.

Du Directeur général.

—

ART. 69. Le Directeur sera l'agent exécutif supérieur de la Société; il aura la signature sociale, dont il ne pourra faire usage que pour les besoins de la Société; il ne pourra contracter aucun emprunt, ni souscrire aucun billet ou obligation sans l'approbation de la Commission de surveillance.

ART. 70. Il signera : Pour la *Banque Générale et Fraternelle des Travailleurs des Villes et des Campagnes....* un tel, directeur général.

ART. 71. Le Directeur et les deux sous-directeurs seront chargés de présenter, chacun dans leur spécialité à la Commission de surveillance *qui statuera*, tous les employés nécessaires à l'organisation de la Banque. (Art. 59. Comité Représentatif. Art. 92. Commissions de surveillance.)

ART. 72. Le Directeur ne peut révoquer un employé qu'avec l'approbation de l'un des sous-directeurs.

ART. 73. Le Directeur rend compte de ses opérations à la Commission de surveillance; il lui adresse chaque mois un état général de toutes les opérations. Un double de cet état sera également envoyé au Préfet et au Maire de la ville de

Lyon, après avoir été sanctionné par le Comité Représentatif, et signé par le directeur et les deux sous-directeurs.

Art. 74. Il dresse l'inventaire annuel et le soumet à l'examen de la Commission de surveillance, un mois au moins avant sa présentation à l'assemblée générale du Comité Représentatif.

Art. 75. La rédaction du rapport à faire chaque année par le directeur sera soumise au contrôle de la Commission de surveillance réunie en assemblée générale; elle sera signée par tous les membres présents.

Des Sous-Directeurs.

Art. 76. Le premier sous-directeur remplace le directeur dans toutes ses fonctions lorsqu'il est absent; il tient en outre le timbre sec et le registre des billets à souches, ainsi que les archives de l'administration.

Art. 77. Le deuxième sous-directeur, en l'absence des deux premiers, fait les fonctions de directeur; il est également chef de la comptabilité.

Art. 78. Ils signent par procuration du Directeur.

Du Secrétaire général.

Art. 79. Le Secrétaire général est chargé de tous les rapports de la correspondance intérieure et extérieure, de la rédaction de tous les procès-verbaux et de toutes les écritures, autres que celles de la comptabilité.

Art. 80. Il est placé sous la surveillance et sous les ordres du directeur et des deux sous-directeurs.

Du Trésorier (caissier).

Art. 81. Le Trésorier tiendra la Caisse sociale. Il sera chargé de tous les *paiements* et de toutes les *recettes*.

Art. 82. Il sera tenu de déposer tous les mois au bureau, de la Commission de surveillance, un bilan exact de l'état de la Caisse.

Art. 83. Le directeur et un sous-directeur, avec l'aide du trésorier, seront obligés de vérifier et de pointer eux-mêmes tous les articles du bilan.

Art. 84. Les bilans seront numérotés et signés par le Directeur; ils désigneront le jour, le mois et l'année; ils seront couchés sur un registre intitulé : LIVRE DES BILANS MENSUELS DE LA CAISSE de la Banque Générale et Fraternelle des Travailleurs des Villes et des Campagnes.

Du Teneur de Livres.

Art. 85. Le Teneur de Livres sera chargé de tous les comptes administratifs, sous la surveillance du deuxième sous-directeur, qui est chef de la comptabilité.

De la Commission de surveillance.

Art. 86. La surveillance s'étend à toutes les affaires et entreprises de la Banque.

Art. 87. Les membres sont pris dans le Comité Représentatif, nommés pour une année et par lui, en assemblée générale et à la majorité absolue des voix au premier tour de scrutin, et au deuxième tour à la majorité relative.

Art. 88. Ils sont au nombre de neuf.

Art. 89. La Commission de surveillance choisit parmi ses membres un Président, un vice-Président et un Secrétaire.

Art. 90. Elle s'assemble sur la convocation du Président; elle ne peut délibérer qu'au nombre de cinq membres au moins.

Art. 91. La Commission de surveillance pourra, dans tous les cas où elle le jugera utile, convoquer une assemblée générale du Comité Représentatif.

Art. 92. Les décisions sont prises à la majorité absolue des voix; en cas de partage, la voix du président ou de celui qui le remplace, est prépondérante.

Art. 93. Les délibérations sont consignées sur un registre tenu régulièrement par le secrétaire, et signées par les membres qui ont assisté à la réunion.

Art. 94. La Commission de surveillance nomme tous les employés de la Banque, sur une liste de candidats, présentée par le directeur et les sous-directeurs, chacun dans leur spécialité. (Art. 69. du Directeur).

Art. 95. Elle fixe le taux des Retraites et des Dots. (Art 30 Retraite.)

Art. 96. Elle fixe également le chiffre des sommes à prêter aux souscripteurs associés. (Art. 21 Souscripteurs associés.)

Art. 97. Elle désigne l'emploi du capital. (Art. 5. Capital.)

Art. 98. Elle nomme trois de ses membres pour vérifier et signer les procès-verbaux d'émission des billets de banque. (Art. 8.)

Art. 99. Elle décide des secours à donner, sur la demande de chaque président de Société. (Art. 15. Caisse de Réserve.

Art. 100. Elle présente toutes les années, aux époques des inventaires, le tableau des Retraites et des Dots, au Comité Représentatif qui statue. (Art. 29. Retraites.)

Art. 101. La Commission de surveillance procède à l'examen de l'inventaire annuel dressé par le directeur et les sous-directeurs. (Art. 72.)

Art. 102. Elle s'occupera immédiatement, et par tous les moyens possibles, de provoquer l'organisation de Banques succursales partout où elle le jugera nécessaire.

103. Il doit y avoir constamment, et à tour de rôle, un membre de cette Commission au siége de la Banque.

ART. 104. Les membres de cette Commission ont droit à un cachet de présence dont la valeur sera fixée ultérieurement par le Comité Représentatif et suivant l'importance de leurs travaux.

TITRE VII.

Dispositions générales.

ART. 105. Les Statuts de la Banque ne pourront être modifiés que sur la demande de la Commission de surveillance ou de douze membres du Comité Représentatif; ce dernier statuera sur les propositions faites et à la majorité des deux tiers des membres dudit Comité, réunis en assemblée générale.

ART. 106. Le droit d'interprétation des articles qui paraîtraient obscurs appartient exclusivement au Comité Représentatif, qui, dans son procès-verbal fera mentionner le sens que l'on devra attacher aux articles mis en question.

107. En outre des présents Statuts, uu Règlement administratif, destiné à être affiché dans tous les bureaux sera présenté par l'administration de la Banque et sanctionné par la Commission de surveillance.

ART. 108. Toutes les difficultés qui pourraient survenir entre les souscripteurs et l'administration, seront jugées souverainement par un tribunal arbitral composé :

1° D'un arbitre présenté par une des parties;

2° D'un autre arbitre présenté par la partie adverse;

3° D'un troisième arbitre qui sera nommé directement par le Comité Représentatif pour les départir.

ART. 109. Ce tribunal arbitral prononce en dernier ressort, sans appel, sans recours en cassation, ni requête civile.

110. En définitive, comme règle générale, toutes *propositions* concernant l'administration de la Banque doivent être présentées, débattues et décidées en assemblée générale du Comité Représentatif et à la majorité absolue des voix.

ART. 111. Le Comité Représentatif donne spécialement tous pouvoirs à l'administration d'opérer les changements et modifications aux Statuts que le gouvernement sera dans le cas d'exiger.

TITRE VIII.

Articles additionnels.

—

ART. 112. On accueillera avec reconnaissance les héritages, les offrandes patriotiques qui seront faits par dévouement fraternel; les noms des *donateurs* seront inscrits sur un livre spécial.

ART. 113. Lorsque la Société aura construit les bâtiments destinés à la Banque, il sera élevé au milieu de la cour principale une colonne sur laquelle on gravera, en commençant par la base, les noms des Donateurs, afin que les générations futures connaissent et vénèrent tous ceux qui auront contribué à l'émancipation des travailleurs.

ART. 114. Tout souscripteur, pour augmenter le chiffre de sa Retraite, pourra, par un acte spécial s'engager à une cotisation journalière excédant *cinq centimes*.

Dispositions transitoires.

—

En attendant que l'organisation de la Société, pour la Banque Générale des Travailleurs, soit rendue *définitive* par l'approbation de son acte constitutif de la part du gouvernement; les douze premiers souscripteurs formeront un Comité Responsable, qui nommera dans son sein, et à la majorité absolue des suffrages, une Administration provisoire, composée d'un Directeur et de deux sous-Directeurs. Les membres restant composeront alors une Commission spéciale de surveillance.

La Commission de surveillance et l'Administration provisoire constituent, par le seul fait de leur commune responsabilité, la Société en *Commandite*, laquelle conservera ce mode d'existence, jusqu'à ce que le gouvernement l'ait autorisée à devenir *Anonyme*, conformément aux dispositions générales des statuts.

L'administration provisoire, ainsi que la Commission de surveillance resteront en fonctions encore une année entière, après que le gouvernement aura consenti à la transformation de la Société actuelle en Société *Anonyme*, et au bout de ce temps seulement, elles pourront être renouvellées par voie d'élection, comme il est dit à l'article 66 du titre sixième.

Pendant toute la durée de l'administration, le Comité Représentatif fonctionnera comme il est dit dans les Statuts, excepté en ce qui concerne les articles 60 et 63 du titre cinquième.

L'administration provisoire établira immédiatement des succursales, afin de donner lieu à la création de *lettres de change*, payables à vue, et destinées à fonder le crédit de la Banque.

Les lettres de change créées par l'administration provisoire de la Société en commandite, seront stipulées dans la page suivante.

Pendant toute la durée de la Société en Commandite il ne pourra pas être créé de billets pour une somme supérieure au numéraire rentré dans les caisses de la Banque. De cette manière, ses effets en circulation, présenteront plus de garantie qu'aucun de ceux qui ont été émis jusqu'à ce jour.

Le Directeur général aura seul la signature sociale et signera ainsi :

Le Directeur général,

Un Tel et Compagnie.

BANQUE GÉNÉRALE ET FRATERNELLE
Des Travailleurs des villes et des Campagnes.
N° 2847.

5

Bon pour
CINQ FRANCS.

LYON.

Le Directeur général,

CONSEIL D'ADMINISTRATION.

D	R	B	T
P	N	S	C
A	D	E	R

CONSEIL D'ADMINISTRATION.

N° 2847.
Saint-Etienne, le 1er janvier 1848. B. P. F. 100.
A la Présentation il vous plaira payer la somme de
100   CENT FRANCS.   100
Accepté par la Banque Générale et Fraternelle des
Travailleurs des Villes et des Campagnes.

LYON.

Le Directeur général,
Un TEL et Comp.

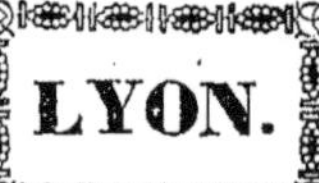

ACTE D'ADHÉSION.

BANQUE GÉNÉRALE
ET FRATERNELLE
DES TRAVAILLEURS DES VILLES ET DES CAMPAGNES

Union solidaire, mutuelle et viagère,

Au moyen d'une Cotisation individuelle

DE CINQ CENTIMES PAR JOUR,

QUI PROCURERA :

Aux Jeunes Gens,. . . . . . UNE DOT à l'âge de 21 ans.
Aux Infirmes et aux Malades. L'ASSISTANCE FRATERNELLE.
Aux Vieillards . . . . UNE RETRAITE à l'âge de 55 ans.
Aux Souscripteurs Associés . DES COMPTES OUVERTS à 4 % l'an.

Je, soussigné

      âgé de   ans, promets de verser à la Caisse de la Banque   la somme de   pour ma cotisation d'Assurance mutuelle sur la vie, faisant partie de la catégorie des

      département d

Je déclare adhérer à toutes les clauses et conditions de l'acte constitutif de la Banque Générale et Fraternelle des Travailleurs des Villes et des Campagnes, après en avoir pris pleine connaissance.

Fait et signé en autant de doubles que de parties intéressées.

Lyon, le   184

Les Administrateurs soussignés promettent au citoyen signataire des présentes, la jouissance de tous les droits conférés aux souscripteurs par les Statuts de ladite Banque.

Le Directeur général, Le sous-Directeur, Le Secrétaire général,

ACTE DE SOLIDARITÉ

DES

SOUSCRIPTEURS ASSOCIÉS.

Nous, sousignés

Nous promettons à nos frères les Travailleurs de remplir fidèlement tous nos devoirs envers chacune des autres *Corporations Associées.*

Pour remplir ces devoirs, qui ne sont autre chose que la *Solidarité* par la *Fraternité*, nous prenons l'engagement formel de nous approvisionner dans les magasins des associations des produits de chacune, voulant *tous* contribuer à la prospérité de *tous*, et enfin, mettre en pratique ce sublime précepte : FAITES A AUTRUI CE QUE VOUS VOUDRIEZ QU'IL FUT FAIT A VOUS-MÊME.

Nous nous engageons solidairement :

1° A verser chacun cinq centimes par jour à la Banque Générale et Fraternelle des Travaillenrs des Villes et des Campagnes.

2° A recevoir comme argent comptant les billets de cette Banque, et, en cas de refus *prouvé*, nous consentons à l'abandon de tous nos droits et versemeuts antérieurs au profit de la Banque pour l'indemniser du préjudice que pourrait lui causer ce refus.

3° A mettre sur les portes de nos magasins de gros ou de détail, et en caractères très lisibles, l'inscription suivante :
ICI L'ON REÇOIT, COMME ARGENT COMPTANT, LES BILLETS de la *Banque Générale et Fraternelle des Travailleurs des Villes et des Campagnes.*

Enfin, nous adhérons à toutes les clauses et conditions de l'acte constitutif de la Banque Générale et Fraternelle des Travailleurs des Villes et des Campagnes, et ce, après en avoir pris pleine connaissance.

Lyon, le   184

Fait et signé en autant de doubles que de parties intéressées.

—

Les Administrateurs soussignés garantissent à la jouissance de tous les droits conférés par les Statuts de la Banque Générale et Fraternelle des Travailleurs des Villes et des Campagnes.

Le Directeur,   *Le sous-Directeur,*   *Le Secrétaire général,*

Administration provisoire.

—

Directeur général,
1er *Sous-Directeur,*
2em *Sous-Directeur,*

—

Commission de surveillance provisoire.

—

Président,
Vice-Président,
Secrétaire,

Membres {

MODÈLE

D'UN

TABLEAU SYNOPTIQUE,

Du classement des Souscripteurs de toutes les spécialités indus-
trielles et agricoles formant cent catégories *(Art. 53).*

1 Banquiers, Agents de change, M^{ds}. de soies, Commission-
   naires, Courtiers.
2 Rentiers.
3 Juges, Notaires, Juges-de-paix, Avoués, Avocats.
4 Ministres de touts les cultes.
5 Employés des administrations, Préfecture, Mairie.
6 Professeurs des colléges, Maîtres de Pension et d'Ecoles.
7 Littérateurs, Compositeurs, Journalistes, Musiciens, Acteurs
   et employés des théâtres.
8 Médecins, Pharmaciens, Droguistes, Bandagistes, Herbo-
   ristes et fabricants de produis chimiques.
9 Employés des assurances, des canaux, des chemins de fer.
10 Architectes, Sculpteurs, Marchands de glaces, Papiers peints.
11 Menuisiers, Charpentiers.
12 Peintres, Vitriers, Platriers, Maçons.
13 Serruriers, Ferblantiers, Plombiers, Lampistes et Ferratiers.
14 Mécaniciens, Fondeurs, et Chaudronniers.
15 Facteurs de Pianos, Ebénistes, Marchands de Meubles
   Bâtonniers et Tapissiers.

Soierie.

16 Velours. Fabricants, Maîtres et Compagnons.
17 Châles.   id.   id.   id.
18 Nouveautés. id.   id.   id.
19 Satins.   id.   id.   id.
20 Gros de Nap. id.   id.   **id.**
21 Meubles et Ornements d'églises.   id.

22 Passementries, Chenilles, Tulles.
23 Marchands Drapiers, Marchands Toiliers et Tailleurs.
24 Imprimeurs sur Étoffes, Apprêteurs et Cylindreurs.
25 Tinturiers sur laine, soie, coton et fil.
26 Bouchers, Charcutiers,   maîtres et garçons.
27 Boulangers, Pâtissiers et Confiseurs.   id.   id.
28 Épiciers, gros et détail.   id.   id.
29 Parfumeurs et Perruquiers Coiffeurs   id.   id.
30 Cafetiers, Hôteliers, Cabaretiers, Traiteurs, id.   id.
31 Liquoristes, M^{ds} de vin en gros, Brasseurs, id.   id.
32 Marchands de blés, farines, et vermicelles.
33 Cordonniers, Formiers.
34 Tanneurs, Corroyeurs, Chamoiseurs, Maroquiniers, Marchands de peaux et gantiers.
35 Chapeliers et Fouleurs.
36 Imprimeurs Typographes, Lithographes et Graveurs.
37 Libraires, Papetiers, Marchands de Musique et de gravures.
38 Armuriers, Couteliers, Affineurs, Doreurs sur métaux.
39 Horlogers et Opticiens.
40 Facteurs d'instruments à vents, Bijoutiers et Tourneurs.
41 Carrossiers, Messageries et Comissionnaires chargeurs.

Chefs-lieux du Département du Rhône

42 Villefranche, 43, 44, 45.
46 Anse.
47 Beaujeu.
48 Belleville.
49 Bois-d'Oingt.
50 Mousols.
51 Lamure.
52 Tarare, 53, 54, 55.
56 Thysy, 57, 58.
59 l'Arbresle.
60 Condrieux, 61, 62.
63 Saint-Genis-Laval.
64 Givors, 65, 66.
67 St-Laurent-de-Chamousset
68 Limonest.
69 St-Symphorien-sur-Coize.
70 Vaugneray.
71 Neuville, 72, 73.

On formera de nouvelles catégories avec les industries qui ne sont pas encore classées, et l'on nommera plusieurs délégués dans celles où il y aura le plus de souscripteurs.

EXTRAITS DES PROCÈS-VERBAUX
Comité de l'Organisation du Travail de Lyon.

—

Séance du 29 août 1848. — Présidence du citoyen MORELLET.

—

L'ordre du jour appelle le rapport du citoyen Brosse, au nom de la Commission, chargée d'examiner le projet du citoyen Renaud.

« Citoyens, dit le Rapporteur, nous avons examiné, avec toute l'attention qu'il mérite, le projet du citoyen Renaud. Lorsqu'il a été soumis à votre appréciation, dans la séance du 10 courant, il n'était point complet, et son auteur, avant de le remettre à la Commission, lui a fait subir de nombreux changements. Nous croyons devoir vous en donner préalablement lecture pour que vous puissiez mieux apprécier et le rapport et les conclusions de la Commission.

. . . .

» La lecture que nous venons de faire nous impose le devoir d'être courts. Comme vous avez pu en juger, la proposition du citoyen Renaud n'est pas seulement un projet particulier, c'est la réunion de plusieurs projets, ou plutôt, c'est sous la dénomination de ministère provincial etc., la réalisation sous la direction du Comité du Travail, et avec le concours de l'autorité, de divers projets examinés, étudiés et sérieusement recommandés par vous, tels que le *Bureau central de placements,* les *Agences communales* du citoyen F. Coignet, le *Magasin central des ustensiles pour la fabrique* etc., etc., et d'autres qu'il vous propose d'examiner, tels qu'*Établissements d'éducation, d'instruction, d'hygiène et de prud'hommes* pour toutes les industries (vous avez déjà élaboré et remis à nos représentants un travail sur ce dernier sujet), plus un projet de Banque pour venir en aide aux diverses associations de travailleurs, soit d'ouvriers seuls, soit de patrons et ouvriers. Il résume et définit un projet par ces trois mots : DIRECTION, DISTRIBUTION,

Conciliation, et la Banque, créant l'unité et le crédit public, le tout garanti par les diverses institutions qu'il vous propose d'étudier et d'appuyer, mais le point qui a le plus attiré notre attention, et sur lequel nous croyons devoir appeler la vôtre, c'est son projet de Banque Fraternelle, à 5 centimes par jour, destinés à organiser et à établir le crédit des Travailleurs des Villes et des Campagnes, et à leur procurer le capital nécessaire pour soutenir leurs essais d'association.

» Comme l'auteur, nous comprenons pour l'avenir de notre industrie l'utilité et la nécessité d'une sérieuse organisation du travail. Il a raison d'affirmer que les révolutions seront closes du jour où les hommes seront convenablement associés. La première cause des révolutions, c'est la misère, et la cause de la misère, c'est l'égoïsme. Le moyen le plus sûr pour combattre la misère doit donc être la vertu contraire, la mise en pratique de la fraternité par l'association. Ici nous l'avons tous compris, tous nos travaux en sont la preuve, tous nos efforts tendent vers ce but. Mais il ne suffit pas d'associer les travailleurs, il faut leur procurer de l'ouvrage, à ces associations. Eh bien, que tous les travailleurs, que tous les citoyens généreux achètent les produits de l'association de préférence aux produits de l'individualisme, qu'ils en prennent l'engagement, comme le demande le citoyen Renaud, qu'ils établissent une complète solidarité entr'eux. La volonté, l'union et la fraternité feront leur force et assureront leur succès.

» Mais, qui fournira des capitaux aux associations? qui leur procurera ce signe d'échange, devenu, pour le moment, nécessaire, indispensable? sera-ce l'État? Non, les caisses sont vides. Sera-ce le capitaliste? Mais il lui faut des garanties, il lui faut des hypothèques, et des hypothèques immobilières, et le travailleur n'a que ses bras, son intelligence et son bon vouloir. Que l'ouvrier compte d'abord sur lui-même, que par la cotisation journalière que lui demande le citoyen Renaud il établisse la Banque des Travailleurs des Villes et des Campagnes. Il aura détruit la misère, il se sera débarrassé à tout jamais de la lèpre de l'usure, bien plus, il aura assuré l'avenir de la société. Le sou par semaine de la propagation de la foi produit des millions pour subvenir aux frais des missions étrangères du catholicisme; le sou par jour, versé à la Banque Fraternelle applanira de même la route pour les missionnaires, pour les apôtres du socialisme, pour les ouvriers qui veulent enfin mettre en pratique ces maximes, ces préceptes de fraternité que l'on s'est contenté de prêcher jusqu'à ce jour.

» En conséquence, citoyens, nous vous prierons de prendre en sérieuse considération le projet du citoyen Renaud et nommer une Commission chargée d'examiner chacune des propositions qu'il renferme, et spécialement le projet de Banque Fraternelle. »

Après une courte discussion, le Comité, adoptant les conclusions du rapporteur, renvoie le projet à la même Commission en l'engageant à examiner avec le plus grand soin la dernière proposition et à lui soumettre un travail complet et pratique dans une des plus prochaines séances.

—

Séance du 14 septembre 1848, présidence du citoyen MORELLET.

—

La parole est au citoyen Brosse, pour le rapport de la Commission, chargée d'examiner de nouveau et d'amender, s'il y y avait lieu le projet de Banque Fraternelle du citoyen Renaud.

« Citoyens, dit-il, nous venons enfin vous présenter le projet de Banque du citoyen Renaud, rédigé en statuts. Nous ne vous répèterons pas ce que nous avons dit lorsque nous sommes venus vous demander d'adopter le principe du projet; quelques personnes nous reprocheront peut-être de ne point nous être arrêté à une simple institution de crédit pour les travailleurs associés et d'avoir compliqué le projet en n'écartant pas ce qui concerne les Retraites, les Dots, et d'y avoir ajouté la Caisse Progressive, nous leur répondrons que, dans notre pensée, comme dans celle de l'auteur, il devra être de l'intérêt de la Banque d'élargir autant que possible le cercle de ses opérations; d'ailleurs nous avons pensé que nous ne devions pas travailler pour une seule catégorie de citoyens, mais que nous devions admettre, à jouir des bienfaits de cette institution, toutes les industries, toutes les catégories de citoyens, et de tous les âges. En résumant ses bénéfices au profit de tous, elle sera le lien naturel qui établira entre tous la solidarité et la fraternité. Par la Dot, nous avons eu la pensée de fournir au jeune homme les moyens et le capital nécessaire pour se procurer ces instruments de travail qui lui sont si souvent refusés aujourd'hui. Par les Retraites, nous avons voulu assurer au travailleur la tranquillité et l'aisance pour ses derniers jours, sans avoir besoin de recourir à l'hospice ou de tendre la main à l'aumône. A la Caisse Progressive, il trouvera, pour les fruits de son travail, un placement assuré et moral ; par le crédit il se facilitera les moyens de s'émanciper lui-même, de s'associer, de se débarrasser de l'usure, de s'affranchir de cette royauté du capital, qui le presse et l'écrase. Or, sous le gouvernement républicain, point de royauté : les produits de tous au profit tous, la solidarité et la fraternité entre tous.

Enfin nous avons voulu mettre entre les mains et sous la sauvegarde du peuple toutes ces institutions tontinières et autres qui ne sont aujourd'hui exploitées et protégées que par les hauts barons de la finance. On nous dira peut-être que ceux qui voudront s'assurer une Retraite ou une Dot etc., ne viendront pas apporter leur cotisation à une Banque commanditaire d'exploitations industrielles, et par conséquent soumise à toute éventualité de perte. Mais, avant de faire cette objection, qu'on réfléchisse bien que la Banque ne peut pas être sujette à faillir, qu'elle n'a au contraire que des chances de bénéfices assurés, d'abord parce qu'elle ne paie aucun intérêt, ensuite parce que le conseil de surveillance et le Comité Représentatif auront toujours soin, avant de prêter aucune somme, de prendre les garanties nécessaires, et, fût-elle trompée de ce côté, ces pertes seront toujours converties au-delà par l'intérêt des comptes-courants, et bien plus, par la cotisation journalière. D'ailleurs notre pensée est bien qu'ils ne viendront à la Banque que si elle leur inspire de la confiance, et cette Banque leur en offrira-t-elle moins que toutes les tontines tenues par des personnes dont le nom est souvent inconnu et n'ont, pour recommandation, que le prospectus rédigé avec plus ou moins d'art? Non. Ces considérations ne les arrêteront pas; ils auront confiance à la Banque des Travailleurs, bien gérée et bien administrée, et elle le sera, car ces derniers mettront tous leurs soins à bien gérer et administrer une Banque qui sera leur œuvre, leur propriété et spécialement destinée à leur procurer les matières premières, les instruments de travail et assurer l'amélioration de leur condition sociale.

» Nous venons donc vous prier d'appuyer ce projet et de faciliter, par tous les moyens qui seront en votre pouvoir, sa mise à exécution dans le plus court délai possible. Nous vous disons aussi avec bonheur qu'un citoyen que nous estimons tous, un de nos collègues, le citoyen N., veut bien se charger des frais d'impression et de publication, et s'inscrire comme donateur pour une somme de 1000 francs. Nous avons l'espoir, nous dirons plus, la certitude que son exemple sera suivi par tout ce qui, dans notre ville, est animé de sentiments généreux et fraternels pour le Travailleur. »

Le Comité, comprenant toute l'importance du projet, et dans l'intérêt des Travaileurs qui attendent sa réalisation avec impatience, décide qu'on passera immédiatement à la discussion des articles.

—

Enfin, ce projet, dont les articles avaient été successivement adoptés ou amendés dans les séances des 25, 28, 29, et 30 septembre, et des 1er, 2, 3 et 4 octobre, a été définitivement adopté dans son ensemble dans la séance du 12 du même mois.

Pour extrait conforme :

Le Président du Comité,   *Le Secrétaire,*
A. MORELLET.   BROSSE.

9 782014 066180